HOJARASCA INFINITA

ZARAGOZA, 2026
RARA AVIS

ÁNGEL PORTOLÉS NAVARRO

HOJARASCA INFINITA

©Ángel Portolés Navarro
© de esta edición: Los libros del gato negro
© del Prefacio: Carmen Aliaga Sevilla
© de la imagen de cubierta: Leticia García
© de la fotografía del autor: Lydia Portolés Muñoz
Foto pág. 14: Ángel trillando, archivo familiar.
Foto pág. 17 © Ángel Portolés Navarro.
Foto pág. 33 © Ángel Portolés Navarro.
La figura del tren es la primera escultura de Juan José
Barragán titulada «El Sueño sobre el viaducto Puente
de la Venta en Alfambra (Teruel)».

info@loslibrosdelgatonegro.com
www.loslibrosdelgatonegro.com
Impresión: Calidad Gráfica
Zaragoza, marzo de 2026

ISBN: 978-84-127221-8-5
DEPÓSITO LEGAL: Z 364-2026
(Impreso en España)

*Esta obra ha sido publicada con la ayuda del Departamento
de Educación, Cultura y Deporte del Gobierno de Aragón.*

PREFACIO

En este bello y profundo poemario Ángel Portolés experimenta con la palabra, nos sugiere puntos de partida y nos interpela. «Detente, observa y responde» parece decirnos mientras afirma que solo la escritura y el amor podrán ayudarnos con cada interrogante.

Ángel no puede deshacerse del sonido de su propio corazón y se enfrenta a cada uno de sus recuerdos, involucrando al lector. Las bicicletas, las eras, los juegos infantiles, se mezclan en un paisaje casi bíblico, que nos obliga a la autenticidad, el de la naturaleza, un escenario donde se funde la miel, la espiga, el grano, creando un ritual sagrado de frutos y semillas con la fragancia primera.

Es la belleza de la sencillez, en contraste con esa realidad dura y áspera, esa superficie urbana y artificial que nos rodea y engulle con voracidad y desprecio.

Las caballerías, los cánticos y los pajares son parte de ese puzle mágico donde el autor se siente una pieza más, un puzle, eso sí, donde comienzan a faltar esquinas y colores, el delantal, la pana, los rostros resecos y las sayas femeninas entre los frescos cántaros y los troncos ardiendo.

Pero Portolés no se contenta con ensalzar las tierras y las gentes turolenses y dedica, con gran acierto, versos a su abuela enferma, envuelta en un chal de bondad, a su padre, anclado al mecanismo de un viejo reloj o a su madre, que se despide agonizante tras un cristal.

Un largo tren transita por estas vías de hojarasca y melancolía, de casas despobladas y moho en la piel de los antiguos habitantes, un tren a ras del suelo y las expectativas perdidas.

Arriba, en ese cielo de ensoñación y ángeles, otro Ángel escribe entre la firmeza y el remolino de la duda, escribe para pedirnos sensatez, escribe para decirnos a todos «Adelante».

Carmen Aliaga Sevilla

SEDIMENTOS

Escribir permite no dejarse asfixiar por
la ceniza temblorosa
de la realidad.

Fernando Arrabal

Sin esfuerzo

Dejé mi boli
sobre el papel
ausente de escritura,
impregnado creí
que de versos quedaría.

Lo que encontré
pasado cierto tiempo,
fue un bolígrafo exhausto
y un borrón sin dictado.

¡Oh, poesía!
Si acertara a tus huellas
depositar mis pasos.

Escombros

Hay un caminante solitario
que me lleva
entre los amontonados
escombros del pasado.

¿Es ahí donde yacen los sueños
de los desaparecidos?

Entonces
despliego las alas
que de niño tuve,
retomando aquellos años
casi olvidados.

Gesta de vivencias,
intrincada senda que,
desordenadamente,
me lleva a los recuerdos.

Y escribo
como si quisiera reconstruir
ruinas en el papel.

Añoranzas

Desando aquel camino de juventud
y del regreso, añoro
el riesgo,
las risas,
las pesadas bicicletas
sin piñones ni frenos,
el marro, el churro va,
la inmortalidad.

Las chicas en la comba cantan
y nos embruja
el vuelo de sus faldas.

Y lo que más extraño
es la inocencia
que el tiempo desdibuja
y entierra los recuerdos.

Danza

De aquellos campos de oro solo recuerdo
el son de las esquilas
y las bestias que bajan a abrevar en el río.

Rosendo Tello Aína

Se oye el siseo del ágil látigo y el
estallido del cuero contra el aire.
Así empieza la danza, esa danza espiral,
rubia y eterna.

Yo, como timonel, navego en el mar de
la sedosa parva
y Carbonero y Tordillo danzan alegres

como si fueran viento que hincha
        las velas,
así les hablo y les canto,
en este ritual de mies, era y recuerdos.

A este ritual de espiga y grano
se unen: rodadillo, horcas, escobas,
mis padres, mis abuelos,
y el sabor de antaño,
para separar la paja del limpio grano.

El ritual se termina,
el granero se llena,
el pajar huele a infancia
y el recuerdo me hiela
porque siento el picor de la mies
        y del tamo,
ese polvillo fino que se adhiere a la piel
y que escuece, no tanto,
como escuecen las pérdidas
las que vamos sumando.

Apariencias

De niño, ya tuve un atisbo de cordura,
entendiendo el valor de lo creado,
diferenciando la belleza
de la realidad.

Fue un roble injertado por mi abuelo el
        que me habló,
de la rama de «perera»,
pendían unas frutas deslumbrantes.
A su hipnótica llamada cedí al instante,
cogí una entre mis manos,
la froté en el jersey muy a conciencia
y clavé mis dientes en su carne.

No sé si fue el sabor a la resina
o el contraste que produjo en mí lo
        amargo,
pues tan bella vi la pera de aquel roble,
como agrio el fruto al probarlo.

Así, sin otra lección, entendí
que tal vez no sea fiable la mirada.

La soledad

Me siento en el banco, bajo la fronda,
y escucho el ruiseñor melodioso.

Antón Castro

El banco
¿Qué recordará en su silencio?
¿Recordará el viento que meció sus
        ramas
cuando aún era un árbol?
¿El sudor del obrero que extrajo el
        mineral
para forjar sus patas?
¿Recordará los suspiros del anciano que
        recobra
 el aliento tras su corto paseo?

Y sueña con aquella navaja que le hizo
    la herida
al escribir los nombres del amor casi
    eterno.

Y en su soledad piensa que todo ha
    terminado,
que le han dejado solo, que nadie se
    sienta,
escucha el silencio,
yerto de frío enmudece de olvido.

Y sufre y se queja de angustia
con sus patas inmóviles,
encarceladas a este suelo sombrío.

Y escucho:
Si pudiera,
me arrancaría los pies para ir a una
    avenida,
a un bulevar,
con más luz, más vida.

Pero ¿qué me digo?
Aguardaré el regreso del anciano
    cansado
y la navaja de los enamorados,
es aquí donde muero,
es aquí donde vivo.

Grietas

Las deshabitadas casas
se estremecen de frío
y se impregnan de moho
ante las húmedas lágrimas
del abandono.

Sus fachadas se arrugan
con agónicos suspiros
y agrietadas sucumben
a la desolación.

¿Son acaso la piedra de corazón
        insensible,
o el adobe, el cemento
o el ladrillo,
quienes inertes no sienten?

No, no es así,
pues las casas sin gente,
sin el aliento y las risas
de los que la hicieron vivir,
se aletargan y mueren.

Mina

A ti, papá

Recuerdo cuando llegabas a casa
con la cara y las manos negras,
y en el oscuro rostro, resplandecían
dos estrellas centelleantes.

Cerrados todos tus planos,
¿Qué quedará de ti en el recuerdo?

Quedará del minero el peligro
y la sangre derramada.

¿O tan solo será
un borrón de carbón difuminado?

Semillas

En tu danza fugaz
tiras semillas
y con pasión inmortal
dulcificas la tierra.

Así como el amor
germina poesía,
haces enraizar cual vergel
toda la huerta.

¿Qué le das, padre, en esa danza?
Pasión, amor y suave tacto,
reverdeciendo así
la sementera.

La hojarasca infinita

Y preguntar a la sangre el porqué del olvido.

Miguel Labordeta

Como la mente, etérea,
creí el recuerdo, eterno.

Pero como la hojarasca
de todos los otoños
vi crujir la memoria
de las personas vivas.

Húmeda de pena.

Podrida de olvido.

Tarde de estío

La tarde, tendida ya sobre el horizonte,
sesteaba en colores de paja y sangre,
yo, con los ojos vidriosos por tanto
      fuego,
recorría los recuerdos de pretéritos
      veranos
(pantalón corto, risa en los labios,
      griteríos y juegos),
mientras en las eras limpias,
se hacinaba la mies para la trilla.

El día se desdibujaba
y las familias con sus caballerías se
      retiraban
hacia sus casas para el descanso.
Mañana, al despertar el sol por la
      Costera,
se tenderá la parva y volverán los
      silbidos y los cánticos,
el sudor, el trillo con su circular danza,
obteniendo grano y sustento para el
      invierno.

¡Cuánta paz y silencio,

cuánta felicidad me acerca este paseo!
De repente un chasquido,
un estruendo como un grito de polvo
me despierta los ojos a la realidad de lo
      que veo,
porque son todo ruinas esos pajares,
con las puertas caídas,
los maderos quebrados por la infame
      gotera.

Qué decir de las eras asfixiadas en
      hierba,
sin las danzas, ni risas, ni trillos, ni paja,
son tan solo un recuerdo,
una triste nostalgia,
al ver tantos esfuerzos
convertidos en nada.

Silencio

La soledad tiene mucho que ver con las
personas que amaste.

Clara Fuertes

Quietud que duele en el alma,
la infinita soledad de nuestros pueblos,
miro y miro,
paso a paso,
calle a calle,
tan solo las farolas alumbran el silencio.

Oigo las voces de los que aquí vivieron,
esforzadas personas y rostros resecos.
Ellas, con delantal y pesadas sayas,
ellos, con faja y negra pana.

Espío a las mozas que en la fuente
        esperan a sus novios,
mientras llenan los cántaros con
        agua cristalina
y el brillo deslumbrante de sus sueños,
ir a servir muy lejos, vivir en las
        ciudades
donde llueve el futuro entre
        ruidosas calles.

En la noche, tras la puerta entornada
están los ancestros contemplando
        las llamas
de unos troncos que gimen el pasado.

Poca luz, mucho humo
el calor en la cara
y los dibujos de las sombras
hacen bailar las llamas.
Veladas familiares,
historias y consejos.

De todo aquello no queda nada.

Comodidad y aburrimiento.

Latidos

De niño,
me quedaba extasiado
mirando el mecanismo de un reloj Rosco
     de mi padre,
su parte trasera, tras un cristal,
dejaba al descubierto todo un misterio,
piedras preciosas de rubí,
espirales y ruedas giratorias,
dentados martillos que cantaban los
     segundos.

Ahora, tan digital y virtual todo,
miro hacia mi muñeca y veo ausencias
y escucho el tic-tac:
Las pulsaciones que el corazón lleva
     hacia la vida.

Miradas

Las miradas tendrían que saber escribir
para que no se olvidara lo que dicen.

Casa cerrada

Un vendaval de ausencia lo ha llevado.

Ricardo Díez Pellejero

Las casas cerradas
en soledad y olvido
te abofetean con olor
a humedad y desagüe.

Desconchones como lágrimas
cuelgan del techo
y las arañas taciturnas, se suicidan
con el polvo entre su tela.

Abrid las puertas y ventanas
para que entre el sol y el aire.

Suturad las heridas del olvido
y pintad de luz esas estancias.

Tal vez así regresen los recuerdos,
las ilusiones y las risas.
Tal vez.

Senda

Cae la nieve
con su blanco silencio.

Las pisadas suenan
sobre el mullido manto,
miro hacia atrás
y del sonido
queda la senda.

Sueños

Alguien visita mis sueños.
Nunca he sabido quién es.

Mariano Casanova

Los sueños con sus ojos perlados,
entre la oscuridad y la luz,
ven más allá de las sombras,
adivinan lo que ocurre en una vida.

Con pinceladas de etérea existencia
dibujan en la mente
lo que no existe.

Realidad que no tiene forma.

Pálpito desnudo sin el yo despierto.

Vida de luces sin abrir los ojos
y al despertar, difuso recuerdo
que se desvanece.

Pero es así, vida con luz
en la oscuridad dormida.

Viaje sin frontera por el subconsciente
o acaso nuestra vida sea
el sueño de otro que también sueña.

Nada

Ahora sé que la nada lo era todo,
y todo era ceniza de la nada.

José Hierro

Las noches con insomnio
entre las frescas sábanas,
rebusco las palabras que tanto te diría.

Y pienso,
me asfixio con la almohada,
un viaje a ningún sitio,
un bucle adormecido,
un no descansar nada
hasta decirme,
¡basta!

Te persigo entre los sueños
te pienso más,
que   a nada,
pero esa nada es todo
que a ti te desvanece
entre palabras vanas.

Vía muerta

El tren que nunca existió circula en la
    vía muerta
lleva encima de él lágrimas y tierra
    desierta.

Sobre las traviesas, el traqueteo suena
como un golpe seco de martillo y
    piedras.

Y tras el chasquido, con sudor y hambre,
avanza la vía horadando el túnel
polvo, peligro, toses y llanto
que el tiempo ha perdido.

Así surca Teruel, rumbo a ningún lado
sin raíl, sin gente, con dolor y olvido.

TRÁNSITO

Abrazo

Somos bulímicos de
gloria y prepotencia.

Despóticos por la existencia.

La tierra
llora nuestro suicidio colectivo.

Mientras muere, como una madre,
nos abraza entre su cuerpo.

Refugio

Estación otoño
en cuya taquilla cuelgan
billetes de melancolía y letargo,
donde el tiempo parece en vía muerta.

Es la dársena donde me guarezco,
refugio para la relajación,
la meditación
y el ensueño.

Insomnio

Borbotones de insomnio
desnudan la noche,
la desandan despacio.

Como galope de caballo,
suena el segundero contra el aire,
y en la vigilia,
alarga las horas lo indecible.

Así se sacia el sueño
sin descanso apacible
a la espera del alba.

En las cavernosas cuencas de los ojos,
el desvelado sueño,
escuece ese tiempo
perdido entre las sábanas.

Huellas

La gente sucia
se va sin dejar huella.

Otros, por lo contrario,
aun yéndose a hurtadillas
dejan tantas y profundas
que los podemos seguir
con los ojos cerrados.

Ausencias

Mi madre, de regreso a casa tras sus
paseos, nos decía con la cara iluminada:
*pues tal familia ya ha venido que no
está la tabla en la puerta.*

En las calles suena
el acompasado mutismo,
eco de lluvia ausente de palabras.

En las puertas
una tabla cierra
el rumor de los pasos.

Desolada

En la casa tallada
entre sudor y lágrimas,
tras el grito de la oxidada cerradura,
queda el silencio.

Abandono

El abandono
golpea contra el agrietado muro.

Doloroso grito
sin voz,
sin luz,
sin nada.

Losa con desteñido blanco.

Mural de ausencias.

Agua

A Toñi, Juan Vicente
(Fundación Starligth).

Gotas de lluvia cayeron del cielo
creando vida.

La verdad de las formas.
Oleaje que mece
y a veces desgarra.

Acomoda su cuerpo
a la horma encontrada.

Es clepsidra en el tiempo,
es nivel y equilibrio,
es lluvia que da vida
con semilla y espora.

Y es el agua, nosotros.
¿O somos polvo de estrellas dando
forma a las almas?
Todo queda en preguntas, *vos nos dais*
las respuestas.

Pues entonces seamos
lluvia, río, raíces,
hojas verdes, pantano,

selvas, montes y nieves,
seres vivos sensatos,
dando vida a la vida
y a la muerte el ensalmo.

Tiempo

Tiempo que blanquea las sienes
agrieta el cuerpo
con temblor de manos.

Llenas de experiencia la vida
y en el ocaso la desdibujas.

Pasión y herrumbre
con asfixiado paso
y el tam-tam de bronce,
palidez absoluta
y horizontal desgarro,
siendo recuerdo
donde llevar flores
a la inerte ceniza.

Equidistancia

Desgrano los días
lentamente
como queriendo frenar
la voracidad del tiempo,
sin embargo,
es inútil el esfuerzo.

Tal vez la equidistancia
de las horas, días o años
no sea cierta
pues los años
cada vez
se hacen más cortos.

Pentagrama

Tumbado quisiera
revivir la muerte
mientras,
fatalmente,
solemos tener
la mente
siempre
dormida frente a la vida.

Otoño

Látigo de viento.
Alargada noche.
Pincel de oro y ocre
melancólico y tenue.

Así eres,
otoño.

Volutas de incienso
desnudando los árboles,
y las hojas agonizan
con un quedo amarillo.

Inmediatez

Deglutimos la vida
a grandes bocados.

Ingesta voraz.

Inmediatez.

Rapidez, rapidez,
nos decimos,
y creemos vencer
quemado el día.

Así, ante la ceniza,
nos prometemos frenar
esta fugaz singladura.

Sin más,
ya no hay tiempo.

AMOR

Procreación

No es alquimia ni ensueño.
Es pasión y contacto.

Libar en la dulce belleza.
Danzar con suaves caricias
entre los alados pétalos y las sedosas
    alas.

Explosión, orgasmo,
germen y semilla.

Círculo vital.
Húmeda pasión.
Beso.
Seducción.
Amor.
Vida.

Vida

El amor con un manto blanco
funde dos cuerpos.

Tras la luz,
destello que desgarra
nacemos a la vida.

Y vivimos
y el camino que andamos
hasta la muerte
tendrá que ser suma de vida,
huella en la tierra.

Abrazo

Las olas me hablan y yo te pienso.

Los blancos rizos de espuma
mecen suave a la arena
son caricias de sal y agua
con sol y brisa desnuda.

Rítmicas ondulaciones
van y vuelven
para poder ver danzar,
a esa, la ingrávida luna.

Y de tal viaje entre aguas
y de tal sal y frescura,
ahora aquí entre las palmeras
me acurruco en la locura,
difuminando la mente
porque el sol aún me deslumbra,
porque te echo de menos
mientras me mira la luna.

Por eso abrazo al aire
y lo lanzo al universo,
como abrazándote a ti
porque te pienso y te quiero.

Tango

Tiemblan dos cuerpos de amor
nadando en danza infinita,
germen de fría pasión
o cálida pasión maldita.

Bandoneón y dulzura
la letra emana locura,
es la cadenciosa voz
que arrastra fuego y lujuria,
pues del excitado roce,
vaivén furioso enzarzado,
nace del cruce de piernas
un amor y odio extasiado.

Es abandono y es beso
es abrazo y es requiebro
danza sensual de dos cuerpos
cual remolino furioso.

Así es la danza en la vida,
así furiosa o tranquila,
así según quien la danza,
así según quien la escriba.

Eres

Necesitaba tanto de tu abrazo
que mi corazón sonaba hueco,
como el eco en una habitación vacía.

Eres tú la perfecta diseñadora de
    interiores,
la que ha conseguido la sonoridad
    adecuada a sus latidos.

24 de noviembre que me robó

Hoy he recorrido las estancias del
    pasado
y me vienen a la mente mil recuerdos,
olores, personas y sabores, sin
    embargo,
no recuerdo el sonido de sus voces.

Veo a mi abuela Matilde, muy enferma,
y me veo, tras salir ligero de la escuela,
saltando como una liebre hacia su cama,
mientras ella, sonriendo con caricias
    siempre eternas,
levemente me reñía:
Cualquier día romperás la cama conmigo
    encima.

O también, cuando su sed quería
    sofocarle
(para ver que el agua no quemaba),
    metía
mi lengua dentro del vaso, otra vez
me regañaba a duras penas:
Hijo mío, eso
no lo hagas, te lo ruego, porque te
    puedo pegar lo que me ahoga.

Qué me vas a pegar Yaya querida,
¿tu ternura, tu amor o tu bondad
    infinita?

Pero llegó noviembre
y me robó tu aliento.

Hecho añicos

A mi madre

Miro ese cristal hierático o
    absolutamente inerte
y en su reflejo nos veo fusionados
frente a la despedida cruel que me
    acongoja.
Así esbozo un estallido,
mi voluntad hecha pedazos,
desgarrada por el fin desnudo que se
    acerca.

Ya no existe el diálogo de voces
    apagadas,
inaudible respirar,
roto por el desgarro de los ayes
que te arañan,
y te aferras a mi brazo sin palabras.

Tu corazón se apaga lentamente
y el mío, que en tu interior tembló,
quiere devolverte los latidos,
abrazarte el interior como aquel día
y volver a vivir la vida entera.

Al final,
la realidad explosiona ante mis ojos
y el reflejo del cristal se hace añicos,
mientras ríos de mis ojos cicatrizan
con amarga pena mis mejillas.

Días de duelo

Vive el duelo
con el arma cargada
de nostalgia.

Infinita humedad
por la derrota
que fustiga con ausencias.

No hay explosión
sin disparo,
ni muerte sin dolor.

Es no volver a vernos.

En el parque

Me enamoré de una imagen.

Fue belleza, susurro,
amor, lectura,
complicidad en la hierba.

Con el brazo apoyado
sobre su esbelto lomo,
le leía aquel libro, como extasiada,
y él, orgulloso junto a su dueña,
miraba al infinito,
entendiendo el sentir de la palabra.

Desmemoria

La mirada se te iba anocheciendo.
María Pilar Martínez Barca

Cruel herida en la cordura.

Entre los árboles,
empujo la silla
evocando paseos de otros tiempos.

De vez en cuando, bajo el sol,
nuestras sombras se juntan,
se hacen una o desaparecen.

Las miras,
me miras y me sonríes,
dices unas palabras:
*Mira, en el suelo hay gente que se
     esconde.*
Yo devuelvo tu sonrisa y te respondo,
están jugando al escondite,
y te ríes.

Mientras la niebla cubre los ojos.

Pintor de desnudos

Mirándole a los ojos,
exhausto,
sin fuerzas,
yéndose de este mundo,
susurró a la que tantas veces
recorrió con la mirada y sus pinceles.

Déjame caminar tu cuerpo nuevamente,
sáciame la vida de belleza y juventud.

Ella, con amor, le besó en los labios.
De sus inundados ojos
brotó una lágrima,
la que arrastraba todo aquello
que no volverá.

Escultura

Te modelaría siempre,
amor,
con largos te quiero,
caricias de suave arcilla,
dúctiles labios los besos.

Seducción

De la atracción ciega
como imán poderoso
o del fuego insaciable,
puede nacer el amor eterno.

El amor eterno será,
cuando todo compartes
y se es complemento.

Cuando en momentos de ausencia,
sientes vacío.

Y los años soñados
aún chispean los ojos
al contemplarnos.

Arcilla

En la soledad de la máquina
te pienso.

Diálogo infinito, que nunca digo.

Te recorro
con la prolongación de mis manos.

Acaricio tus ondulaciones que el tiempo
      forma,
y me deshago en ti.

Ahora, tras el ritual,
sobre el suelo tendida,
te miro absorto
y tu blancura brilla en el mar de mis
      ojos.

Todas

Todas a las que amé
están conmigo,
abrazadas a mí,
en mi memoria.

Fundida su existencia
en mi existencia.

Son parte de mí.

Diálogo

Desgastamos el nombre, la voz y los huesos
de tanto pensarnos.

Carmen Aliaga

Como cada día,
a la entrada del colegio, te espero,
te espero y me enamoro.

Te digo sin palabras que te quiero,
tú me miras a los ojos y les hablas,
lo mismo que los míos.

Y como cada día, tras tus pasos,
el camino se apodera del silencio.

Te pienso y te digo en el recuerdo:
Si me pensaras tanto
como yo te pienso,
sin reconocernos,
seguiríamos pensándonos.

Re-enamorarnos

Desde las explosivas primaveras,
con lo impetuoso del amor
queda ese fuego apagado.

Brotando la monotonía,
oxidando los cuerpos y las caricias.

Rompamos la excusa de las
obligaciones,
sin poner freno al beso y el abrazo.

Quedan el otoño y el invierno.

Te espero

Entre el arrullo de las sábanas
y el silencio
adormecido te espero.

Siento tu abrazo cuando llegas,
el fresco cuerpo que junto a mí
palpita,
y así,
todas las noches,
cuando me traes
los tranquilos sueños.

Beso

Cuando me besas,
pétalos de amapola
se deslizan livianos
por mis labios.

Apasionados

Vivamos esta noche
por si no existiese aurora.

Pedro García Cueto

Entre la penumbra,
una pared tiembla,
mientras la pasión
funde dos sombras.

Naufragio

El náufrago
escribía en la arena
y las olas, suavemente, lo leían.

Ese rumor salino,
azote brutal que pide auxilio,
va rizando las palabras
con espuma y caracola.

Enfrente,
la soledad y el abandono.

Latigazos de ausencia
son los días de espera
y sobre la ropa raída
el tiempo esculpe
surcos de pena.

Así, sin corcho,
ni botella, ni esperanza,
sus palabras quedan
como lágrimas de granizo
diluidas entre el mar y la sal.

Las olas,
como un susurro de amor
son el camino,
a la espera
de que vengas a buscarlas.

Ensoñación

Te soñé en un abrazo
tan real
que tus huellas dactilares
se tatuaron en mi espalda.

Versos

Son tus versos   besos,
tanto
que al leerlos,
mis labios se sonrojan como el fuego.

Escultura

Para Ana

Te esculpiría palabras que cincela
el boli que aprieta mi mano,
las posaría en papel de amor y de seda,
las tendería hacia ti como lluvia fresca
que alimenta el alma y ama la tierra.

Pero me deshago en halagos que nunca
germinan
y mis dedos callan esos pensamientos.

Hoy al despertar, mi mudo deseo
se diluye en tinta y arden las palabras
con un fuego intenso
de esta fragua... amor.

Qué fácil es a veces fundir
un te quiero.

El amor

A Teruel

El amor
es coser con invisibles hilos
en nuestro cuerpo,
hilvanes de pasión, caricias y sueños.

Y si de tejer hablamos
sobre el amor eterno,
qué mejor bastidor sujetando la tela
que esta villa de amor,
esta ciudad pequeña,
Teruel y su torico, su estrella y el
mudéjar,
ciudad de enamorados
donde se vive y sueña.

Así es amor y vida.

Así por bella, eterna.

Realidad

Realidad enfundada en desgarro
con la túnica negra.
Ladrona de vidas y del tacto de hielo.

Te maldigo por robar tantos sueños
que no han sido vividos, ilusiones y risas
o lágrimas compartidas.

Por llevarte agresiva
a da igual las edades sin contar los
        deseos,
ni los días que quedan.

Y llevarte los versos que no han sido
        soñados,
y los cuadros sin lienzo,
y los besos de amante
y al que lee, y al que escribe.

Y en la lucha y el ahogo
que va y viene a mi mente,
hoy me olvido del miedo
aunque sé que tu existes,
aún nos queda el recuerdo.

Nota del autor

Escribo desde niño lo que siento, momentáneas ideas que me nacen, luego las dejo amontonadas en carpetas que muy pronto leeré corrigiendo (eso me digo), una forma razonable de mentirme, pues ni leo, ni corrijo y si lo hago alguna vez, seguramente arrasaré con todo cual censor infatigable (pero no inquisidor por la censura ciega) sino como corrector que busque calidad, si la hubiera y dejara algún sentido en mi palabra.

Ahora, me pregunto ¿quién rellenará las oquedades que el tiempo deja?

La mente es ese valle donde sedimenta lo aprendido, da igual que sea un jardín Zen donde se dibuje la vida o un pedernal donde quede esculpida, el tiempo erosiona los surcos y a traición, los difumina el olvido.

Así pues, aquí me hallo, recogiendo recuerdos, posiblemente distorsionados por el paso del tiempo.

Pero, así como la memoria puede cambiar la visión de lo ocurrido, la escritura reviva, en su lectura, nuestras vidas.

ÍNDICE

ESTE LIBRO
SE TERMINÓ DE IMPRIMIR
EN ZARAGOZA
UN DÍA DE LLUVIA Y CIERZO.
EL PELO REVUELTO Y MOJADO,
NUESTROS PIES DESNUDOS,
HUÉRFANOS DE AMOR.